Jocelyne

POEZI KREYOL

Poésie créole

Illustrations de l'auteur

Kréyol / Français

Poézi, mé fout ou bèl,
Ou ka sanm on arkansyèl…
Ka mèt jwa an lavi mwen,
Mèt solèy alantou mwen,
Mwen ka ba-w on bèl lanmen.

Eternelle poésie,
Tu éclaires et tu remplis ma vie,
Merci.

ISBN 2-9515702-0-1

Portraits

Yo

Ban nou-y !

Ou ké rété èvè nou
Pou di nou
Kijan sa dou

On ti méné chayé nou
Evè vou
Mé jisko bou

Pou ou pé rakonté nou
Lé mo dou
E lé madou

An péi ki pa tan nou
Vin di nou
Sa ki pli dou

Raconte !

Reste un peu avec nous !
Raconte comme il est doux
De partir, de voyager,
De visiter ces lointaines contrées...
Viens, fais-nous un peu rêver ! ...

On sakré bèl loto

An téka maché apyé,
An té tèlman fatigé :
Anba solèy-la,
An tout chalè-la,
Mwen téka soufè !
E sé la mwen vwè
An la ri ki ka pasé,
On loto sofistiké...
Lè mwen gadé sa,
Mézanmi mwen hélé konsa :

«Misyé an gwo loto-la,
Vini pou mwen pé di-w sa :
Mwen bizwen fè on ti tou
Adan bèl loto-lasa, doudou !

Gwo loto mwen enmé,
Kon tala-w ka roulé,
Si ou té pé méné mwen,
Sa téké vréman trè byen !

Loto a-w o tòp !
Ban mwen on ti stòp !... »

E tèlman ité alèz,
Chofè jou téka fè dyèz.
Loto astiké,
I téka kléré.
Sété pou zayé,
Pou-y té pé dragé
Kè ti misyé- lasa té ni
On loto a gwo krédi.
Malgré an té sav sa,
Mézanmi mwen hélé konsa :

«Misyé an gwo loto-la,
Vini pou mwen pé di-w sa :
Mwen bizwen fè on ti tou
Adan bèl loto-lasa doudou !

Gwo loto mwen enmé,
Kon tala-w ka roulé
Si ou té pé méné mwen,
Sa téké vréman trè byen !

Loto a-w o tòp !
Ban mwen on ti stòp !...»

«Mé fout misyé-la fyè
Loto-lasa souplè !
Gwo loto «super-star !» :
Tansyon mésyé, kriyé gar !»

Une voiture géniale

Lasse, je titubais souffrant sous le soleil
Lorsque je vis passer, oh merveille,
Une superbe auto, sophistiquée à souhait.
Médusée, je m'écriai :

«Joyeux propriétaire de cette automobile,
Approche, rends-toi un peu utile !
Que ta voiture est belle,
Elle «flashe», elle étincelle !
Veuille m'y accueillir,
Je n'en peux plus de tant souffrir ...»

Et c'est qu 'il était fier comme Artaban,
Notre monsieur, dans sa voiture qui scintillait comme un diamant !

C'est qu 'il voulait appâter la jeunesse, le coquin,
La courtiser et la séduire avec son bel engin !
Pourtant, malgré cela,
Je l'ai hélé comme ça :

«Joyeux propriétaire de cette automobile,
Approche, rends-toi un peu utile !
Que ta voiture est belle,
Elle «flashe, elle étincelle !
Veuille m'y accueillir,
Je n'en peux plus de tant souffrir...»

«Mais mon dieu qu 'il s'y croit
Dans sa voiture de roi,
Dans sa voiture vedette !
Mon dieu, il en perd même la tête !»

On mizik ka chayé-w

Mi «piano-bar» lasa,
Sé la jojo ka jwé :
Lè vandrèdi o swa,
I la ka karésé
Yonndé touch blan é nwa
Pou-y pé fè yo vibré :

Mizik-la ka chayé-w !

Toupandan i ka jwé,
Koté a-y-ni Lola,
On ti chabin doré...
Mé apa ti bèl vwa !

Vwa-lasa ka chayé-w !

Jojo sé on mizisyen
Pa tini dé konsa :
I paka fè djendjen
Lè-y mannyé piano-la,
Si-y enmé on biten,
Sé lè-y ka jwé konsa

On mizik ka chayé-w !

Evè manzè Lola
Yo tin projè komen :
Yo ka révé konsa
Yo kay pé fè chimen
Pou mizik ayo-la
Fè moun kriyé dèmen :

«Jojo ! Lola !
Mizik ayo-lasa,

Sé mizik ka chayé-w !»

Musique émotionnelle

Ici le piano-bar
Où Jojo joue la star...

Chaque vendredi soir, Jojo-les-doigts-de-fée
Caresse le piano qui se laisse emporter :

Musique émotionnelle !

Lola-la-voix-de-miel, l'or à fleur de sa peau,
Enfièvre l'assistance ; et c'est leur numéro :

Magique, émotionnel !

Tous deux rêvent de gloire, de strass et de paillettes,
Tous deux rêvent qu'un jour l'on criera à tue-tête :

«Jojo, Lola ! votre musique est telle ...
Tellement émotionnelle !»

Tròp lalkòl !

Bwè tròp lalkòl :
Tout biten rèd, annyen pa mòl.
Es ou ké pé di mwen ki ròl
Vréman, mé ki ròl a lalkòl ?

Pa rapòt a-y ni sa ki ka fini lajòl...

Mi-w déchiré an lari-la
Ka di tout kalté vyé pawòl !
Ou tou boulé, ou kon bwabwa,
Ou sé di ou jou ka fè wòl !

Apa ti ri tout moun ka ri !...

Tansyon, bèl ti poupé kréyòl
Si misyé-w ka bwè tròp lalkòl :
On aksidan péké gè dwòl,
Doulè pétèt ké rann vou fòl ;

Moman-lasa sé lè-w ké di :

«Bwè tròp lalkòl :
Tout biten rèd, annyen pa mòl.
Es moun ké pé di mwen ki ròl
Vréman, mé ki ròl a lalkòl ?

Mi doulè la ka rann mwen fòl !»

Excès d'alcool

Excès d'alcool : alors la vie est un enfer !
Peut-être, sait-on jamais, qu'on pourrait bien te mettre aux fers,

Toi qui vas saoul par les chemins
Sans trop savoir ce que tu dis...

Le badaud, lui, se rit sans fin
De ce qu'il fait, de ce qu'il dit ;

Mais toi, oui, toi qui le connais si bien,
Toi son amie, toi sa chérie,

Que dirais-tu si un matin
On t'apprenait : «il est parti...» ?

Désemparée, tu t'écrierais «Mon Dieu, ma vie est un enfer !»
C'est que l'alcool sème misère !

Gro kyè

Sa lannuit pasé san dòmi
Ka sonjé tou pwoblèm i tini !
Sa mégri misyé ja mégri,
Gadé ki jan i ka vyéyi !

Evè wiski anlè wiski
Pou-y pé kyenbé adan lavi,
Pou-y néyé sa-y ka ronjé li
E détwi-y piti a piti.

Sa-y rivé-y nou pé pa di,
Pon moun pa sav sa i tini.
Pa rété-y jwa adan lavi
Mé pèsonn pa konèt pouki !

Mélancolie

Insomnie, fatigue, soucis :
Trop de problèmes sans solution.

Les cernes, sous ses yeux, accusent un ennui
Dont nul ne connaît la raison...

Cet homme qui noie dans le whisky
Tout son chagrin, sa dépression,

N'a plus de place dans sa vie
Pour l'allégresse ; et le voyant, chacun se pose des questions.

On ti boug byen bizaw

On ti djin «zenzolen»,
On chimiz an saten,
Sé on ti boug rouken
Ki on ti jan «zenzen»,
On ti jan bengnengnen.

Toujou ka fè djendjen,
Sik, adan bò chimen,
Toujou ka tann lanmen :
«Travay, sé pa annyen ?
Mé boug, lévé-w tibwen !»

Un drôle de zouave

Jeans zinzolin, chemise de satin,
C'est un garçon rouquin,
Bougon, un peu zinzin...

Là, au bord du chemin,
Le voilà qui végète et qui mendie son pain :
«Mais le travail, rouquin, c'est pour quand, hein ?»

Tyè provizyonèl

Si-w ka jwé é lajistis,
Tansyon sa yo kriyé lèfisk !
Lézenpo paka ri èvè-w,
Si ou pa péyé yo, yo anlè-w !

Sézi tousa-w ni akaz a-w,
Pran maléré ti salèr a-w
E tanpi si-w ni ti manmay,
Tanpi pou mowal an grizay !

Mèm si-w pa tini on vè dlo,
Sa yo bizwen sé lajan yo.
Lajan-la sé sa yo bizwen,
Yo pa vini pou dòt biten.

Laswè-w pou gangné manjé a-w,
Jistis pou yo pran lajan a-w ;
E palapèn ou sa hélé,
Lalwa sé byen konsa i yé !

Sé tan pou tyè provizyonèl,
Trézòw piblik pou yo tousèl,
Konsa yo ka anrichi yo
Toupandan-w ka pléré gwo dlo !

E palapèn di «i pa fèt»,
Sé-w yo ké kriyé malonèt.
Lajistis ayo sé konsa :
Sa yo bizwen sé-w péyé sa.

Péyé, péyé, péyé, péyé :
Tyè provizyonèl-la rivé !
Péyé, péyé, péyé, péyé
Pas sé lajòl si-w rifizé !

Tiers provisionnel

Toi qui te joues de la justice, prête l'oreille et prends bien garde :
Sais-tu ce qu'il t'en coûterait si un jour, par mégarde,
Tu oubliais ton dû au fisc ?
Mieux vaut ne pas prendre de risques !

Démuni, sur la paille,
Privé du fruit de ton travail,
Il ne serait déjà plus temps
D'espérer leur apitoiement...

Tiers provisionnel, déclaration d'impôts : il est déjà grand temps !
Hésitations ? Révolte ? Pleurs ? Atermoiements ?
Songe bien, cher ami, qu'en l'impôt, c'est la loi
Qui réclame son dû, c'est sa voix :

«Payez, payez, payez, payez !
L'heure du tiers provisionnel a sonné...
Payez, payez, payez, payez !
Sinon vous serez emprisonnés...»

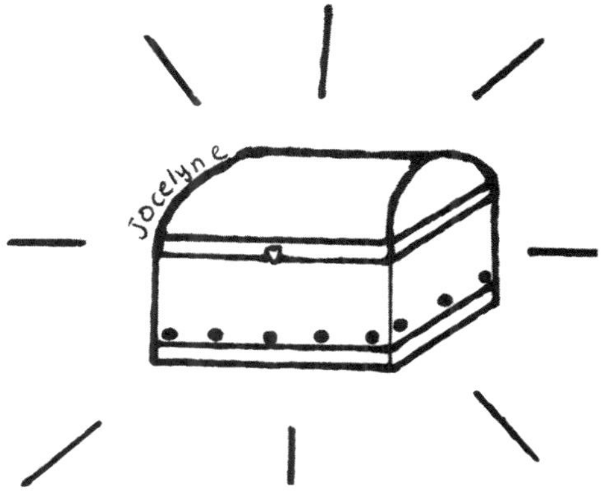

Madanm-lasa

- Sé on bèl ti madanm, mé-y pa byen an tèt a-y !
Ou sé di ki lavi poko vlé bay chans a-y...

- An ja byen aprésyé sé on fanm wélélé
Mé toupatou-y pasé i ka fè moun woulé :
Pani mwayen ou vwè-y san ou pa anvi ri !

- Poutan, sé on fanm ki an dèy an kò é an èspwi...
I paka pitité, sé sa ka fè li mal :
Gran maj ou gran sòsyé, kilès ké bay on pal ?...

La femme que voici

- Elle est jolie, n'est-ce pas ?
Pourtant, ça ne va pas :
Elle ne tourne pas rond,
Perd un peu la raison !

- J'avais bien remarqué un petit quelque chose,
Mais elle est tellement drôle avec ses airs, ses poses...
C'est à rire aux éclats.
- Pourtant ne t'y fie pas !

C'est une femme infertile
Et c'est très difficile
Pour elle de l'accepter...
D'ailleurs, elle aurait bien recours au mage ou au sorcier ! ?

Prudence

Madame Prudence est une figure emblématique de la commune d'Anse Bertrand.
Sur la plage de l'Anse-Laborde, face à la mer, elle a son petit restaurant
Qui, pour un peu, rendrait glouton le plus petit des appétits ;
Car c'est qu'elle a de l'expérience notre Prudence nationale avec ses canaris !

Et qu'elle a parcouru le monde - gente dame – pour vanter
La succulence de ses recettes épicées : elle est pour ça très appréciée !
De plus, elle sait si bien vous accueillir
Avec son large et grand sourire :

Elle a de ces manières qui mettent de bonne humeur,
Tellement d'ailleurs,
Que tous, touristes, habitants, voyageurs,
Alléchés, se pressent vers cet antre des mille saveurs.

Pridans

Pridans sé on moun ki sélèb adan tou Lanzbètran.
Asi plaj Lanzlabòd, i tin on ti rèstoran :
Sé manjé tété dwèt,
Hak pa rété an zasyèt !

Sé kè-y ja byen abitiyé
Evè zafè a kyuit manjé
Pridans-lasa nou ka palé !
E sé on gran madanm ki ja byen vwayajé,

Mé toupatou-y pasé,
Sé rèspèkté-y mésyé,
Pas ti manjé a-y-la
An pé di-w i konsa !

Anplis disa,
I tin on jan pou-y akéyi-w èvè bèl gran sourir a-y-la,
Ou ka santi ou sé lèrwa :
Dabò pou yonn, ni tèlman moun ki ka vin la !

Rupture

Dézinyon

M.A.L.

Mònalo ni gwo kyè.
Kisa ka fè-y soufè ?
An pa sav, yo di mwen
Sé pé bouch pa di annyen !

*   *   *

La Ville de Morne-à-l'Eau a M.A.L.
De quel M.A.L. souffre-t-elle ?
Elle a le M.A.L. d'amour !
Qui lui manque à ce point ?
Je ne sais pas ; on m'a dit de me taire !

Sa rivé

Pa konprann annyen
Adan sa ki pasé ...
Yo di mwen té témwen
Mé an pé pa rakonté

Pas mwen pa vwè annyen
Adan sa ki pasé ;
Poutan sa touché mwen
E mwen bizwen palé :

«Paté tini annyen
Pou-w té pé riproché :
Sété on ti banben
An jan nou tout enmé.

On jou, mi ti moun-la pa byen :
Doktè ja vizité ;
Sé ay vwè chirijen
Pou li pé opéré !...

Pon moun pa vwè annyen,
Rèspiré arété :
Mi yo pèdi banben,
Dlo an zyé ka koulé !

Mi fanmiy ka pléré,
Mi yo terbolizé :
Mé ki moun ké rann yo
Ti moun chéri ayo ?

Mi fanmiy révolté,
Mi yo dézèspéré,
Mi myèl-la vini fyèl :
Aprézan yo tousèl !»

Fait divers

C'est à n'y rien comprendre !
... Vous désirez m'entendre ?

Mais que pourrai-je dire ?
Je n'ai rien vu venir.
Touchée, certes, je le suis !
... Ce que je sais ? Voici :

«Enfant modèle, rien à redire ,
Qu'aurait-on pu souhaiter de mieux ?
Qui, alors, aurait pu prédire
Ce qui advint de par chez eux ?

L'enfant n'était pas bien :
On irait voir le médecin,
Or, il fallut aller plus loin
Et consulter le chirurgien.

... Mais l'enfant ne respire plus,
Pourtant personne n'a rien vu ;
Tristesse, tu es survenue :
On pleure cet enfant perdu.

«Rendez-nous notre enfant chéri !»
Désemparés, c'est ce qu'ils crient ;
Puisqu'à présent, il est parti,
Les voilà seuls, tristes, marris !»

Si ou pati

Doudou si ou pati,
Pa krwè an ké pléré !
Péké mandé pouki,
An jou ké sélébré !

Pou lanmou mwen té ni,
Ou fè mwen tròp pléré !
Jòdi tousa fini,
Alé ! Lè ja rivé...

Doudou si-w pa pati,
Sé mwen ki ké alé :
Antrè nou sa fini,
Mwen di-w mwen ni asé !

Tousa mwen té pé di,
Ou té byen sanfouté,
E lè mwen té égri,
Ou téka rigolé !?

Mwen ja fin èvè vou,
Mwen ka di-w vwayajé !
Pa krwè sé jé doudou,
Mwen ka palé séryé !

Rupture

Oui, tu peux bien partir, je ne te retiens pas.
Pour être vraiment franche, je dis : «bon débarras !»

Je t'ai aimé tantôt, tu ne t'en souciais pas.
Aujourd'hui, c'est égal car je ne t'en veux pas...
Cependant, tout de même, si tu ne partais pas,
C'est moi qui m'en irais : oui, monsieur, c'est bien ça !

Tu m'as tant fait souffrir
Quand j'étais amoureuse...
Quelle attitude honteuse,
Tu ne peux qu'en rougir !

Moi, maintenant, lasse de tous ces maux,
Je te dis sans ambages : «allez, mon vieux, tchao !»

Jocelyne

Pa rété asi sa, sé gadé lanmityé !

Fo-w sonjé nou, an ki jan nou té yé,
Tousa nou konèt ou pé pa oubliyé...

Jòdi-w vlé pati, jòdi-w vlé kité :
Alé, mon chè, sé fè tousa ou vlé !

Poutan, nou ja tròp miyonné pou nou sa fè lagè :
Sé tansyon nou, mon chè, pou nou pa fè kòlè !

Pou fasil hai fasil lè dé moun ka kité,
Mon chè, nou, fo pa nou lésé sa rivé !

Lè nou té enmé, an jan sa té sikré,
Alòs si nou kité, sé gadé lanmityé !

Au diable, la rancœur !

Le temps qui passe t'a rendu oublieux
De la façon dont nous avons été heureux...

Aujourd'hui tu veux partir,
Soit ! Fais ce que ton cœur désire...

Mais n'entamons jamais de guerre,
Cependant ! Evitons avec soin la colère

De ces gens qui se quittent parfois la haine au cœur.
Qu 'importe la rupture, soyons de bons amis : au diable la rancœur !

Ka yo bizwen ?

Yo rété, rété ayo,
Evè...mwen mèm pa sav ka-y pasé yo,
Pa konèt ki bakoulélé,
Yo désidé fo yo kité...

Mésyé !
Apa ti wélélé,
Ti dézòd ki lévé !
Pou babyé, yo babyé !

Mi jòdi-jou rivé,
Tousèl tousèl ayo,
Yo la ka médité
Chak moun koté ayo...

Sa yo bizwen konprann ?
Jan yo kay pé antann ;
Pas yo vlé déviré,
Sé lanmou ka palé !

Mé pou tandrès, karès, bèl bo,
Fo yo aprann padonné yo !
Sé sa tousèl lanmou bizwen,
Sa tousèl ; pa dòt biten !

Que leur faut-il ?

Quelques années passées ensemble,
Et puis un jour, la terre tremble :
Colère, cris, confusion ;
C'en est fini de la passion !

Ils décident de se séparer,
Mais une fois seuls, une seule idée :
«Pourquoi ne pas recommencer, ré-essayer ?...»
C'est que l'amour avait parlé !

Mais pour s'entendre, que faut-il faire ?
Les voici, chacun d'eux, en prière
Pour trouver une solution...
Mais qu'ils se pardonnent, voyons !

Pour que perdure la passion,
Il n'est point d'autre solution !

Mé kisa mwen té fè-w ?

Yonndé ti mo makyé asi on fèy papyé
Evè-w nyenki pati, ou chapé, ou alé...
Mé ès sé pè-w té pè,
Es ou té mankyé kyè

Pou-w té pati konsa
San di mwen orevwa ?
Mésyé, apa ti dlo mwen ja pléré,
Mi kyè mwen la i ka raché !

Ti kaz-la ka sanm mwen tro gran
Dèpi kè mwen tousèl adan
E mwen toujou la ka chèché
On mwayen pou pé oubliyé

Mé sa difisil pa sonjé...
Mwen té ké vlé viv é fléri
Konsi annyen pa té chanjé
Mé mwen paka rivé manti,

Mwen paka rivé fè konsi.
Dabò pou yonn, mwen vlé savé
Sa ki rivé, kijan, pouki ;
Sé vwa a-w mwen bizwen tandé :

Pouki ou pati
San mèm avèti ?
Nou paté trapé pon babyé,
Tout biten-nou téka maché !

I fo-w rouvini,
Ti doudou chéri !
Es sé kouraj ou ka mankyé
Pou nou sa jwenn èvè palé ?

Que me reprochais tu ?

J'ai du mal à y croire !
Sans même un au revoir
Tu m'as laissée tomber :
Quelle mouche t'a piqué ?

Mon cœur en est brisé,
Y avais-tu songé ?...
...Un simple petit mot d'adieu,
Tu n'as rien su trouver de mieux !...

Seule dans notre appartement,
Tout me paraît beaucoup trop grand.
En vain, j'essaie de t'oublier ;
Je réapprends à exister,

Mais ça m'est tellement difficile !
A notre amour, que manquait-il ?
Le diras-tu, toi qui as fui
Sans dire un mot, sans faire un bruit,

Toi qui te caches pour m'éviter ?...
...J'ai tant besoin de te parler !

Egzil

Yo té oblijé lésé
Tousa yo té ja tini,
Yo té oblijé kité,
Pati adan dòt péi.

Dèmen jou-la ké rouvè
Asi on dòt dimansyon ;
Sé palapèn kontinyé pran fè :
Pati, sé sa ki larézon !

Kisa yo ké jwenn ? Yo pa sav ;
Sa sé on dòt trip ankò,
An tout mannyè sé ké mwen grav
Ki lasoufrans épi lanmò.

Sé lagè-la ki fè yo sa !
Ki moun ka koumandé lagè ?
Es yo té dakò épi sa,
Pouki sé yo ki ka pran fè ?

Exil

Il leur faut tout quitter,
Partir et s'exiler,
Partir pour d'autres rêves,
Partir pour que s'achève
Le cauchemar d'une existence
Qui n'est que mort et puis souffrance.
Car c'est la guerre en ce pays !
Avaient-ils demandé ceci
Ceux qui pâtissent de ces feux,
Eux, les victimes, les malheureux ?

Nòstalji

Manmzèl sizé la ka atann,
Ka mandé si misyé ké viré !
Daprè-y, èvè li, lavi-la té si tann,
Alòs i la ka èspéré...

- Manmzèl-la, oubliyé tousa !
Lévé, pa rété sizé la...
Ou ni lavi adan lanmen-w
Alòs, vansé é fè chimen-w !

- Sé pa on nonm ké anpéché
Lavi-w kontinyé di woulé !
Alòs kouté, mon chè, lévé
Pas apa hak ou ké gangné !

- Men sé pé mwen pé pa,
Non, vréman, mwen pé pa
Pas sé li mwen bizwen
Pou mwen pé sa viv byen !

- Tonè, bondyé ségnè,
Gay mizè, mizè asou latè !

Jocelyne

Nostalgie

Nostalgique, la jeune fille attend
Que lui revienne son amant...

- D'accord, il était tendre,
C'est un fait, mais à quoi bon l'attendre,
Maintenant ? Si cet homme n'est plus tien,
Eh bien, c'est que c'est ton destin !

Tes pleurs, très chère enfant,
N'y pourront rien changer ;
Accepte le présent,
Et oublie le passé !

- C'est trop m'en demander,
Je ne peux l'oublier,
Je ne peux m'en passer !...

- Mon dieu, quelle gabegie,
Gâcher ainsi sa vie !

Ola ou yé ?

Mwen vini a Pari,
Vini vwè vou isi :
Di mwen ola ou yé ?

Mwen té kay pran taksi,
Mandé-y on non lari
Ki paka ègzisté...

Eskè tousa vlé di
Kè ou toujou manti
Ban mwen, ti misyé ?

Daprè-w, san mwen, lavi
Té ni on ti gou si,
Sé mwen kyè a-w té vlé.

Jòdi-la mwen byen pri,
Mwen vin jwenn vou isi
Mé mi ou ka séré.

Ou byen sa ri dè mwen,
Promèt onlo biten,
Fè lafèt épi mwen,
Non misyé, ou ja fè tròp djendjen !

E mwen la ka chèché
Tras a vou ti misyé :
Sèlman, tout moun an pé mandé,
Pèsonn paka di mwen lè-w ka rété !

Te trouverai-je ?

Me voici à Paris car je voudrais te voir !
Tu as tant roucoulé, oui, tu m'as tant fait croire
Que j'étais ton amour, ta muse, ta belle histoire...

Pourtant, perdue dans cette ville, je ne te trouve pas.
Mais quelle est cette erreur : ta rue n'existe pas ! ?
Tu m'aurais abusée, menti, trompée, c'est ça ! ?

J'ai été bien naïve puisqu'en définitive,
Jamais tu n'as voulu que notre amour survive,
Et demandant pour toi, je n'obtiens jamais rien que des réponses élusives.

Aimer

Enmé

Patience !

Tu rêves de romance,
Mais moi je dis : «Méfiance !»
Déçue par le passé,
J'hésite encore à m'engager :

Caresses, promesses : d'accord !
Mais la sincérité, alors ?...
Si c'est pour se tromper,
Souffrir encore, pleurer :

Vraiment, trop peu pour moi !
D'ailleurs, de toi à moi,
Pour bien me décider
Et ne rien regretter,

Il me faut plus de temps !
Tu dis m'aimer vraiment,
Alors... que t'importe d'attendre ?
Car il faut bien comprendre :

C'est vrai que tu me plais,
Que tu es très bel homme, mais...
Pour une histoire d'amour, une douce romance :
Patience, s'il te plaît ! patience encore... patience !

Atann !

Mwen ja konèt
Lanmou malonèt
E mwen pa vlé
Rikoumansé :

Mwen pa vlé an soufrans
Alòs mwen an méfyans.
Ou ka fè bèl pwomès,
Ban mwen bon ti karès,
Mé mwen, mwen ka mandé
Si-y ni sensérité...

Mwen pa vlé ni lenbé,
Mwen pa anvi pléré,
Alòs i fo-w konprann
Si an ka mandé-w atann ;
Sé pa bouskilé mwen,
Lés'an pran tan an mwen !

Si vréman ou enmé mwen,
Ou pé atann tibwen,
Dabò pou yonn an tout fason,
Pou mwen pran désizyon
I fo kè mwen ni tan
Vwè ki jan-w yé vréman.

Mwen ni on santiman,
Sé vré kè-w séduizan,
Mé pou biten séryé,
Annyen paka présé :
Si-w vlé nou an romans,
O souplé, pran pasyans !

Jocelyne

On filign swit

On émosyon
Grandi an vwa an mwen
Pou mwen pé sa chanté,

On mélodi,
Dé ti pawòl sikré :
Kouté ! sé kado mwen ba vou...

Kouté chanté-tala
Kè mwen té konpozé
L'an téka sonjé vou,

E sa mwen èspéré,
Sé kè-y ké pé touvé
Chimen a kyè a vou.

Kouté pawòl-lasa ké di-w ki santiman an mwen,
Ti mélodi-tala ké fè-w santi hotè filign an mwen.

Aprésyé on ti son
Pou-w pé konèt on émosyon,

Kouté vwa-mwen, doudou,
Ki ka chanté nyenki pou vou

On mélodi trankil pou on chanté kalin,
Kouté, doudou, kouté bèl ti filign !

Belle émotion

Comme une émotion qui jaillit,
Et qui prend force dans ma voix,
Voici, je t'offre ma chanson ; la mélodie,
Les mots suaves : tiens, prends ! tout est pour toi...

Cette chanson, je l'écrivis
Alors que je pensais à toi ;
Aussi, écoute et apprécie
Car je ne chante que pour toi :

Ecoute ces mots doux, tous ces mots de velours
Qui te diront l'intensité de mon amour !

Mélodie douce, mélodie tendre...
Ecoute et veuille bien entendre

Cette émotion qui, dans ma voix,
Ne se fait jour rien que pour toi !

Mari-jo

Lòt jou mwen kontré Mari-jo an chimen ;
I arété pou-y pé vini palé ban mwen,
E sa-y di mwen ? Ou toujou la ka sonjé mwen.
Asiparé, ou dwèt on ti jan enmé mwen.

Mwen téké vlé savé, savé si tousa vré
Pas si sé vré, mon chè, sé an syèl mwen ja yé :
Ni lontan mwen savé kè sé vou kyè mwen vlé
Mé mwen pa jen pansé kyè-w sété mwen i té vlé !

Lè mwen ka sonjé sa Mari-jo di mwen,
Vwè mwen anvi vwè vou pou nou santi nou byen,
Evè mwen ka vibré tou lè mwen ka sonjé
Jou-la nou ké palé !

An nou pran randévou
Pou nou palé di nou, pou palé di lanmou...
Pani zafè timid, i fodré nou ozé
Pou nou pa sa lésé pwomès bonè chapé !

Marie-jo

Chemin faisant, l'autre jour,
J'ai rencontré Marie-Jo.
Elle m'a tenu de beaux discours,
Oh oui, mon dieu qu'ils étaient beaux !

Selon ses dires, tu m'aimerais.
Je suis tout chose quand j'y pense
Car depuis bien longtemps, tu sais,
Mon cœur te désire en silence.

Pourtant, jamais je n'ai pensé
Que tu pouvais me désirer.

Mais maintenant qu'elle a parlé,
Mon cœur exulte dans la joie :
J'ai hâte de te rencontrer
Pour être bien ; tout près de toi.

Je te propose un rendez-vous,
Fi de la timidité !
La chance est là et c'est trop doux
Pour pouvoir la laisser passer

Car dans mon cœur, subtilement,
Le bonheur dit qu'il est grand temps !

Lapli si tòl

Mi lapli ka tonbé si tòl :
Sé tan pou di bèl ti pawòl...
Gadé ! Nou péké sa sòti doudou,
Nou ké rété pou nou palé di lanmou dou.

Mi lapli-la ka fifiné,
Ou sé di kè i ka dansé
Asi tòl-la pou di nou
Sé lè pou chanté lanmou dou :

On mizik byen balansé,
On ti myèl sikré, sikré
Pou raproché nou doudou,
Pou palé di lanmou dou.

Si nou téka rété akaz
Pou konèt on moman èkstaz
E pou palé di lanmou dou
Nou toulédé sèlman, doudou !

An ka santi mwen romantik,
Kyè mwen ka jwé on ti mizik
Ki ka palé di lanmou dou
Pou nou tousèl ; kouté doudou !

Chanson de pluie

Dessus le toit de tôle, la pluie qui danse
Fait un bruit doux et mélodieux,
Un son qui berce et qui balance
Et qui nous rend tout amoureux.

Tandis qu'elle bruisse sur le toit,
Dis, toi et moi,
Si l'on restait à la maison
Pour se chanter notre passion

Et s'enivrer de mots d'amour !?
Mon cœur, ce soir, fait des discours,
Ne le fait que pour toi et moi :
Ecoute-le ; viens te blottir tout contre moi !

Vwayaj

Imajiné on ti moun, doubout asi on plaj,
Epi on gran bato ki la ki ka vogé.
Ti moun-la vlé pati asi gran bato-la
Pou li pé vwayajé, dékouvè linivè...

Imajiné, bato-la vin asi rivaj,
Envité ti moun-la pou yo pé navigé.
Ansanm yo sa pati asi dlo lanmè-la
Pou yo sa vwayajé, dékouvè linivè.

Lanmè-la chayé yo adan bèl gran siyaj,
Fè yo konèt koté yo paté mèm révé.
Yo touvé yo émèrvéyé douvan tousa
Lè yo sa vwayajé, dékouvè linivè...

Ansanm yo sa pati, ès yo ké rouvini ?
Souplé, swété yo bòn chans mézanmi !

Imajiné yo pa janmè kontré loraj,
Van pa jen souflé fò, lapli pa jen tonbé.
Yo té tèlman kontan navigé ayo-la
Lè yo sa vwayajé, dékouvè linivè...

Kouté sa van-la di... On bèl ti «chichotaj» ;
Ba moun ki vlé pati mi sa li konséyé :
«Chwazi on bèl bato, bakyé si lanmè-la
Pou zòt sa vwayajé, dékouvè linivè.»

Mé mwen ja byen gadé adan tou vwazinaj,
Sé vou mwen téké vlé pou nou sa navigé.
Si an sé ti moun-la, ès ou ké bato-la
Pou nou sa vwayajé, dékouvè linivè ?

Ansanm nou ké pati, ès nou ké rouvini ?
Souplé, swété nou bòn chans mézanmi !

Voyage

Imagine un enfant debout sur une plage,
Tout plein d'admiration devant un grand navire.
Il n'a qu'un seul désir :
Partir au loin lors d'un voyage
Merveilleux pour découvrir de nouveaux mondes...

Imagine la voix du navire : «à l'abordage,
Cher enfant, car nous allons partir
Sur cette mer qui nous attire !...»
Et la mer, sans ambages,
Leur découvre de nouveaux mondes ...

Puis imagine encore : jamais de turbulence, jamais aucun orage ;
Juste de quoi nourrir
Cette joie simple qui fait sourire
Et les entraîne en son sillage
Pour découvrir de nouveaux mondes...

Et les voilà partis, peut-être pour de bon :
Bénis soient ce voyage et leur embarcation !

Le vent, ce soir, dans le feuillage
A quelque chose qu 'il veut nous dire :
Il nous conseille de partir,
De choisir bien notre équipage
Pour découvrir de nouveaux mondes...

Mais parmi tout le voisinage,
C'est à toi seul que je veux dire :
«Sois mon navire car il me tarde de partir
Pour de lointains et beaux rivages,
De découvrir de nouveaux mondes...

Ensemble, nous partirons ! peut-être pour de bon :
Bénis soient ce voyage et notre embarcation !»

Ka zòt bizwen goumé ?

Gay jan sa konpliké
Pou zòt pé sa goumé :
Mi fò zòt envanté
Misil, bonb, fizé...

Plito ki zò goumé,
Si zòt té éséyé
Viv an fratèwnité
Lanmou épi rèspé ?

Es sa si difisil
Oubliyé tout misil,
Pa rann kyè nou òstil
E enmé nou on pil ?

Pou ti moun lan démil...
Viv viv ayo trankil,
Pou prézèwvé lévil
Antant téké itil !

A quoi riment vos guerres ?

Qu'il est difficile de se battre toujours, ainsi que vous le faites !
Mais avez-vous pensé, au fait,
A ce qu'il vous faut déployer
De force afin de vous entre-tuer ?

De l'amour fraternel, noble et respectueux,
Ne serait-ce pas mieux
Que ce massacre hideux ?

Vraiment, est-ce si difficile
De mettre au feu tous ces missiles,
De nous aimer sans être hostiles ?

Voici, nous sommes en l'an deux mille ...
Il est grand temps, il est utile
Que la paix règne sur nos villes !

Lumière

Limyè

Jocelyne

Mété limyè !

Mété limyè douvan zyé mwen
Pou mwen pé vwè kisa ki ni !
Mété limyè an lèspri-mwen
Pou mwen santi-m o paradi !
Mété limyè an kyè an mwen
Pou lafanmiy é lézanmi,

Limyè !...

Pou mwen pé kominyé
Evè tousa ki vlé,
Santi-m kon bèl zétwal
Ki libéré di mal,

Limyè !...

Pou mété lòd an lavi-mwen,
Pou nétwayé lèspri an mwen,
Pou pirifyé tout cò an mwen,

Limyè !...

Pou libéré cò-mwen,
Fòs ki adan cò-mwen,
Libéré lèspri-mwen,
Rouvè gran kyè an mwen,

Limyè !

Qu'on répande lumière !

Qu'on répande lumière sur mes yeux
Pour que s'éclaire mon regard ! Mon Dieu,
Qu'on répande lumière sur ma vie
Que je sois comme au paradis !...
Et que mon cœur s'éclaire aussi !

Lumière,

Car je veux être en communion
Avec toute cette génération d'étoiles,
C'est à dire toutes ces populations
Qui se sont libérées du mal !...

Lumière,

Pour que ma vie se purifie,
Pour que s'éclaire mon esprit,
Et que mon corps y baigne aussi !

Lumière,

Que puissent enfin se libérer
Ces forces en moi, emprisonnées,
Et que s'allègent mon esprit,
Mon corps et puis mon cœur aussi,

Lumière !

Pawòl a moun lontan

Mwen ka konprann aprézan
Tousa yo téka di mwen,
Aprézan mwen vini gran,
Aprézan mwen fè chimen.

Ti pawòl a moun lontan,
Mi yo ka pran sans pou mwen,
Aprézan mwen vini gran,
Aprézan mwen fè chimen.

Sajès ka vin èvè lètan :
Vérité pawòl a moun lontan !
Aprézan mwen vini gran mwen ka konprann
Vérité pawòl gran moun an téka tann.

Sé vré kè sa paté djendjen
Alòs, souplé, ba-yo on ti lanmen
Pas sajès an vwa ayo,
Vérité an mo ayo !

Dires de gens anciens

Les anciens disent souvent
Que la sagesse vient avec le temps.
Maintenant que je suis grand,
Je dis : «c'est vrai, assurément !»

De la vie, j'ai appris
Tout ce qu'ils m'avaient dit
Quand j'étais tout petit ;
C'est pour ça qu'aujourd'hui,

Humblement, j'applaudis
Leur expérience, leur connaissance de la vie.

Pani zafè mélankoli !

Si on jou lèspri-w pri
Epi mélankoli,
Si tristès anvahi,
Fè lavi a-w vin gri,
Si kyè a-w ka boulé,
Si ou dézèspéré,

Si ou anvi pléré
Pas doulè ka monté :

Chanté, mété mizik èvè dansé !

Sa ké séché lapli,
Chasé mélankoli,
Fè-w oubliyé lannui,
Fè lavi roufléri...

E plis ou ké kouté
Ti mizik-la ka jwé,
Plis ou ké aprésyé
Lajwa ka déboulé,

Alòs, chanté, mété mizik èvè dansé !

Lavi-la tro joli
Pou-w pléré timafi !
Si-w jwenn pwoblèm, souci,
Vit, i fo-w réaji,

Chanté, mété mizik èvè dansé !

Ou ké pé sa souri,
Ké pé sa jwi lavi,

Alòs, chanté, mété mizik èvè dansé !

Trêve de mélancolie !

Jour de pluie sur ta vie
Qui s'ennuie ?
Morne mélancolie ?

Cœur couleur déboire,
Cœur couleur désespoir,
Cœur à broyer du noir ?

Alors chante, danse,
Virevolte en cadence,

Vas-y !... La vie est trop jolie
Pour déprimer ainsi !
Lorsqu'un problème surgit,

Vite, chante, danse,
Virevolte en cadence !

Et tu verras comme c'est magique
Le chant, la danse et la musique !
Plus de problème en alambic,

Plus de tristesse !
Que de la liesse
Et de l'ivresse !

Alors, chante, danse,
Virevolte en cadence,

Apprends à vivre dans l'insouciance
Que cesse la désespérance !

Zèn

Byen réfléchi
A sa-w ka di
Pou kè apré
Ou pa ni hak ka rougrété !

Pa lévé lavwa,
Sonjé plita
Lékonsékans,
Alòs pasyans épi silans !

Gadé san fwa-w,
Pa pèd fil a-w,
Pa énèrvé
Sinon hak pé ranjé !

Si ou babyé,
Mon chè, si ou hélé,
Ou dwèt ja sav
Tout biten-la ké vin pli grav...

Lévé lavwa
Pé ké ranjé sa !
Atann plita
Pou-w pé vwè klè adan tousa !

Zen

Tourne sept fois ta langue dans ta bouche
Avant de t'insurger et de prendre la mouche
Car tu pourrais bien regretter
S'il t'arrivait de t'énerver.

Cris, querelles, hurlements,
N'apportent rien, le plus souvent,
Que zizanie supplémentaire :
En cas de rage, mieux vaut te taire !

Oui, sois sûr d'être maître de toi
Avant de dire quoi que ce soit !
Il sera toujours temps, le calme revenu,
De parler sans colère, de parler sans raffut.

Pa pléré asi lèpasé !

Pa pléré asi lèpasé,
Sa sé tan ou ka gaspiyé !
Apa-w tousèl ka galéré
Alòs pran doubout a-w èvè vansé !

Ou péké janmè anpéché
Tousa ki pou rivé-w rivé,
Alòs sé palapèn pléré :
Sé lavèniw ki ka konté.

Pa pléré asi lèpasé,
Fòs ou ni fo ou rézèwvé
Pou dèmen ou pé sa lité.

Si-w paka rivé libéré
Lèspri-w dè tousa ki pasé
Lavèniw ou ké chouboulé !

Alé mon chè mwen di-w lévé,
Sa ki pasé ja byen pasé !
Chak jou sé on paj ki touné,
An nou... Pa pléré asi lèpasé !

Ne pleure pas sur le passé !

Va de l'avant,
Tu perds ton temps !
Dès à présent,
Seul l'avenir est important :

A quoi bon ressasser
Tes déveines passées ?
Crois-tu être le seul dans la difficulté ?
Allons... Ne pleure pas sur le passé !

Comment ? Eviter ce qui doit advenir !
Tu aurais pu te prémunir ?
Nenni ; la vie fait tout ce qu'elle désire...
Alors, respire ! Et pense un peu à l'avenir :

Demain, il te faudra combattre,
Ne te laisse jamais abattre !
Pour vaincre, tu sais, il faut se battre !

Si ton esprit ne se libère
De ce qui avait cours hier,
Ta vie sera comme un enfer !

Alors cesse de te lamenter :
Il te faut vivre et accepter
Que le passé, c'est le passé...

Allons... Ne pleure pas sur le passé !

Limyè !

Limyè asou vi an mwen !
Limyè douvan zyé an mwen !
Limyè, sé sa an té bizwen !
Limyè pou mwen pé fè chimen !

Mwen té adan nwasè,
Mwen paté ka vwè klè.
Tousa mwen té pé fè,
Sé mizè an téka vwè :

Pwoblèm san solisyon
Té mèt mwen sou présyon,
Non sété tròp tansyon,
Santi mwen an prizon :

Mwen priyédyé pou...

Limyè asou vi an mwen!
Limyè douvan zyé an mwen !
Limyè, sé sa an té bizwen !
Limyè pou mwen pé fè chimen !

Mwen paté mèm savé
Ola mwen té kalé ;
Mwen té débousolé,
Sé vré mwen té pèd pyé.

Tousa mwen té anvi,
Touvé jan pou sòti
Adan pwoblèm, sousi
Pou pé sa jwi lavi :

Mwen priyédyé pou...

Limyè asou vi an mwen!
Limyè douvan zyé an mwen !
Limyè, sé sa an té bizwen !
Limyè pou mwen pé fè chimen !

Jòdi tousa fini,
Lavi roukoumansé ;
Chans an mwen rouvini,
Tout dévèn oubliyé :

Solisyon mwen touvé
San pa mèm réfléchi !
Jòdi mwen pé chanté
E di èvè plèzi :

Limyè asou vi an mwen!
Limyè douvan zyé an mwen !
Limyè, sé sa an té bizwen !
Limyè pou mwen pé fè chimen !

Jocelyne

Lumière !

Lumière, sur ma vie toute entière !
Lumière : tout à coup tout est clair !
Lumière, tout au long de ma route...
Lumière, pour éteindre le doute !

Seule, acculée, dans le noir,
J'étais au désespoir :
Trop de problèmes sans solution,
De soucis, de déboires, de tensions...

Désemparée, désorientée,
Je ne savais plus où aller,
Mais battante, j'étais résolue
A vaincre ma déconvenue...

Je priai pour demander lumière,

Lumière, sur ma vie toute entière !
Lumière, que tout soit enfin clair !
Lumière, tout au long de ma route...
Lumière, pour éteindre le doute !

Aujourd'hui, le bonheur règne sur ma vie :
Les problèmes, d'eux-mêmes, se sont évanouis ;
En tous points, l'existence m'enchante,
Aussi, est-ce avec plaisir que je chante :

Lumière, sur ma vie toute entière !
Lumière : tout à coup tout est clair !
Lumière, tout au long de ma route...
Lumière, pour éteindre le doute !

Dépôt légal avril 2002

TABLE DES MATIERES

Contact :
Tél. / Fax : 0590 22 39 60
Mobile : 0690 57 79 97
E-mail : jocelyne.bln@wanadoo.fr

Impression : Imprim'Press
(Guadeloupe) Tél. : 0590 88 33 34
Dépôt légal : avril 2002